TERRA NEGRA

Cristiane Sobral

TERRA NEGRA

2ª reimpressão

malê

Copyright © 2017 by Editora Malê
Todos os direitos reservados.
ISBN 978-85-92736-20-0

Projeto gráfico: Vagner Amaro
Seleção e organização: Cristiane Sobral e Vagner Amaro
Revisão: Francisco Jorge
Capa: Pedro Sobrinho
Diagramação: Márcia Jesus

Texto revisado segundo o novo Acordo Ortográfico da Língua Portuguesa.
Proibida a reprodução, no todo, ou em parte, através de quaisquer meios.

Dados internacionais de catalogação na publicação (CIP)
Vagner Amaro CRB-7/5224

S677n   Sobral, Cristiane
                Terra negra/ Cristiane Sobral. – Rio de Janeiro: Malê,
2017.
                106p; 19 cm.
                ISBN 978-85-92736-20-0
                1. Poesia brasileira I. Título
	CDD – B869.1

Índice para catálogo sistemático:

I. Poesia brasileira   B869.1
2017
Todos os direitos reservados à Malê Editora e Produtora Cultural Ltda.
www.editoramale.com.br
contato@editoramale.com.br

SUMÁRIO

PREFÁCIO PÁGINA 11

TUPI NAGÔ PÁGINA 19

O INFANTE PÁGINA 20

ENCONTRO PÁGINA 21

MÃE PÁGINA 22

DELE PÁGINA 23

UNIVERSO RACIONAL PÁGINA 24

MEU NEGO PÁGINA 25

SAGRADA ESPERANÇA PÁGINA 26

DAS MÃOS DELE PÁGINA 28

NEGRA PINTURA PÁGINA 29

PROPAGANDA ENGANOSA PÁGINA 30

NÓ NA GARGANTA PÁGINA 31

ZELO PÁGINA 32

ESTRELAS NA BOCA PÁGINA 33

NEURÔNIOS NO AQUÁRIO PÁGINA 34

DAMA DA NOITE PÁGINA 36

IN NATURA PÁGINA 37

KATAWIXI PÁGINA 38

ALFORRIA PÁGINA 39

EXPURGO PÁGINA 41

"BARBIE" QUEBRADA PÁGINA 42

VIÚVA NEGRA PÁGINA 44

EU MARIA PÁGINA 45

WANADI PÁGINA 46

EU FALO PÁGINA 47

LUXÚRIA PÁGINA 48

NEGRO CÉU DA TUA BOCA PÁGINA 49

FLASH PÁGINA 50

MIRADOUROS PÁGINA 51

IMPRESSIONISMO PÁGINA 52

ÁGUAS PÁGINA 53

O FALO DITA AS FALAS PÁGINA 54

CANTO PARA A MÃE ÁFRICA PÁGINA 56

PELOS QUE VIRÃO PÁGINA 57

ACERTANDO AS CONTAS PÁGINA 58

JANAÍNA FLOR PÁGINA 59

NEGRITUDE VIVA PÁGINA 60

DEUSDETE, A MUSA PÁGINA 61

QUEM SOU EU PÁGINA 62

FORÇA ANCESTRAL PÁGINA 64

PAPO RETO PÁGINA 65

PARADOXOS, ALÉM DA COR PÁGINA 67

QUEM SABE EM ARUANDA PÁGINA 68

AH, MENINA! PÁGINA 69

DEUS É PRETA PÁGINA 70

COROA PÁGINA 71

PRETEI PÁGINA 72

RESISTÊNCIA PÁGINA 73

EM LUTO, EM LUTA PÁGINA 74

PÁGINA PRETA PÁGINA 75

JUSTIÇA PÁGINA 76

SEM ILUSÕES PÁGINA 77

LUCIDEZ PÁGINA 78

MARKETING DE GUERRA PÁGINA 79

PARADOXOS DA LINGUAGEM PÁGINA 80

A SERVIÇO DO CAPITAL PÁGINA 81

PORQUE ALGUNS SÃO MAIS IGUAIS QUE OUTROS PÁGINA 82

ÁGUAS DE CURA PÁGINA 84
135 DECIBÉIS PÁGINA 85
EXÉRCITO (CHUSMA) DE ROSAS NEGRAS PÁGINA 86
350 METROS PÁGINA 88
XADREZ DAS CORES PÁGINA 90
ALÉM DA COR PÁGINA 91
POESIA PRETA FEMININA PÁGINA 92
INUSITADA PÁGINA 93
TRAUMATISMO SOCIAL PÁGINA 95
NAVIO NEGREIRO – ATENÇÃO, NÃO É A DISNEY PÁGINA 97
ESTÉTICA DO BRANQUEAMENTO PÁGINA 98
SILÊNCIOS PÁGINA 99
EU SOU PÁGINA 100
A SUA IMAGEM E SEMELHANÇA PÁGINA 102
LEGADO PÁGINA 103
CRIAR É VERBO DE AÇÃO PÁGINA 104
O TEMPO PÁGINA 105

Quando nós, mulheres negras, experimentamos a força transformadora do amor em nossas vidas, assumimos atitudes capazes de alterar completamente as estruturas sociais existentes. Assim poderemos acumular forças para enfrentar o genocídio que mata diariamente tantos homens, mulheres e crianças negras. Quando conhecemos o amor, quando amamos, é possível enxergar o passado com outros olhos; é possível transformar o presente e sonhar o futuro. Esse é o poder do amor. O amor cura

bell hooks, vivendo de amor.

A CARTA DA TERRA

Coisa que mais me encanta na vida é ser levada, conduzida pela luz e pela força de uma narrativa, de uma linguagem. Quando eu nem sabia o significado da palavra griot, nem esta palavra eu conhecia, minha história antepassada já era toda marcada por ela e em suas saias atravessei noites, tardes, madrugadas, sonhos, com olhos e ouvidos grudados na atração que o novelo das palavras com história dentro sempre exerceu sobre mim. Sou cria da poesia e foi ela quem muito cedo, formatou minha subjetividade e me ofereceu esse destino. Por isso escrevo agora numa tarde em que Terra negra fez do meu coração território. Sabedora de seu poder, mas sem alardeá-lo na obviedade, Cristiane Sobral nos desnuda com uma poesia cheia de personalidade, cores, aromas, enredos, densos enredos e escreve como tribo. Conhecedora. Caminha sem solidão porque traz as hordas dos povos em diáspora inebriados e entrelaçados em sua narrativa ética, estética e caudalosa. Curiosa sua arte, lindo o seu tear, minha querida Cristiane! Embora você já seja imortal, as academias ainda desfilam seus pobres ares de eurocêntricas nobrezas e pouco costume de portar vozes não oficiais. A voz de uma mulher negra é a voz que se nega ao silenciamento, a voz que se impõe à porta da Casa Grande e entra. Arrebenta a tranca e ainda tem que provar, a cada balcão, o que é, quem é, e porque o é. Cansa até. Como a poesia é feita do impacto entre a poeta ou o poeta e sua experiência de viver, está presente todo o tempo, nas escuridões de Terra negra, a luta existencial de todas nós.

Em meio à uma enxurrada de personagens protagonistas brancos que se amontoam e brilham na literatura clássica e comercial do mundo editorial, este livro provoca uma desconstrução salutar e criativa. São as enigmáticas indicações étnicas presentes em cada verso que também nos imantizam. É a voz brotada de uma pele preta, é o testemunho transaficano de um existir ainda raro no mundo da literatura apinhada de galegas princesas e iguais reis. Cristiane Sobral não está brincando não. Sabe o que faz. Sabe o quanto inaugura, ainda, a cor da nossa escrita nesses cânones. Sabe que é referência e que por causa dela outras escrevem e escreverão. Lima Barreto, Carolina. Maria de Jesus e Solano Trindade e nós, os escritores desta contemporânea hora bradamos emoções contra a invisibilidade e sabemos que a ciranda não parará. A Editora Malê tem certeza disso com suas cuidadosas edições. Cristiane Sobral marca o caminho onde pisa com o ouro veterano que colheu de seus fracassos e de suas obstinadas vitórias. Usa e abusa disso. Bota fundamento. Fala decifrado e aos quatro ventos com seus olhos nus! Ousa falar e fala do falo de Exu, ousa nos revelar que é com gozo que Ele abre caminhos. Tendo preceitos como suporte, sua ancestralidade exala das páginas e consegue pôr no bolso toda a humanidade. Todos se reconhecem aqui. Todos, inclusive os que ainda não sabem da origem de tudo. Até os que nunca nos viram, até os que insistem em negar a ciência que afirma que era negro o primeiro homem, o primeiro Adão. A gira é forte. Tem também doçura e ninguém escapa.

Em boa hora vivemos um tempo em que começam a se levantar o que estou chamando de abolicionistas contemporâneos ou neo abolicionistas não negros, que já perceberam que não dá para se reconhecer de esquerda e ser racista ao mesmo tempo. É nesta hora que Terra negra nos invade e nos convida a uma conversa histórica, sincera, lírica, corajosa. O poema de Sobral nos encara, olhos nos olhos, confia na própria beleza. Tenho certeza de que a cama para a qual nos chama com o seu erotismo desprendido abrigará muitas vozes do feminino que, branco ou negro, sofre há séculos do amargo voto de silêncio em torno de sua sexualidade. Poder dizê-la em si já é libertação, mas dizê-la com beleza e afirmá-la com potência poética, complica a vida dos conservadores de plantão e os convida a render-se à verdade. É muito difícil ser livre sexualmente, ser mulher, e receber respeitos ao mesmo tempo. Muitas mulheres foram massacradas, condenadas, apontadas nos seus bairros, seus lugares, pelo dedo da condenação: "namoradeira, gosta de homem, de mulher, de namorar." Todo esse assunto no feminino mereceu tratamento de guilhotina, foi visto como pecado, como delito. Motivo de bruxas nas fogueiras. Quantos conventos "mataram" as "fogosas" daquela família rica, daquela família pobre, daquela família honesta que achava errado uma filha gozar?

Não se iludam, todas essas palavras que derramo aqui agora são fruto de uma espécie de Do In que a literatura cristiânica com seus temperos fez sobre meus saberes e sobre minhas chagas. É um prazer imenso escrever essas palavras. Uma certeza de que nossa força não se calará; mas ampliar-se-á seu alcance a cada dia em que o mundo paga altíssimo preço por não ter dado ouvido aos fundamentos e à sabedoria dos povos originais. O preço caro é essa vida não tribal, esse jeito anticoletivo do capitalismo, esse crescer e nos destruir, a competição sem fim, o desprezo pelos mais velhos, pelos pajés, pelas pretas velhas, pelos curumins, pelos erês, pelas crianças. Deu no que está dando, nessa matança. E, se não viajarmos de volta ao começo, o mundo se acabará. O amor pela natureza, a não destruição do planeta, tudo isso aprende-se naturalmente no mundo da pajelança e dos Orixás.

Observai bem, respeitável público leitor, a cadência cênica desta poesia singular que prova com sua feitura nítida o quanto a poesia é interdisciplinar. Falando a partir de sua ilha, de seu manancial rico, de seu observatório é que a poeta ou poetiza nos dá aula de tudo. É a matéria que ainda falta nas salas de aula, nos programas de TV de uma nação que insiste em olhar o seu povo com a mesma antiga e desatualizada miopia da Casa Grande.

Aqui está, senhoras e senhores, a pérola de minha tribo. A moça das letras que têm tambor e velas acesas no gongá das metáforas. Tem cor esse livro, tem batuque na elegância rítmica deste falar. E nos beija a cada página e nos bate na cara sem avisar, como em "Propaganda enganosa" e "Dama da Noite", por exemplo; como em Expurgo: "....macho egocêntrico e boçal/ não samba na minha pista/ preto machista/ não canta de galo no meu quintal/ pau não é coroa".

Em muitos versos me detive, em muitas árvores deste livro lindo parei para descansar, chupar uma manga, amar. Entre o tempo e suas escolhas essa mulher-Dandara, essa mulher reinventada fez a sua. Segurando a firmeza de suas mãos, e em suas trincheiras, caminhamos, pisando o chão de poemas. Carioca candanga moderna, espalha seu feitiço litúrgico nestas páginas e nos deita nesta sagrada cama de folhas de onde nos oferta suas palavras. "O tempo, senhor dos horários/ reina soberano/ tênue, em um fio de prata/ o tempo a gente não mata/ é ele o matador."

Venham todos, não vou mais falar, a fogueira está acesa, vamos festejar. Se depender desses versos e da sua natureza, Deus é preta, já não dá mais pra negar.

Elisa Lucinda,
tarde de Inverno, julho, 2017.

Terra negra

Tupi Nagô

Na casa jardim
Tupi-Nagô rasgou meu ventre estéril
com seus sorrisos
Com seus bracinhos roliços
enfeitou meu pescoço
Nasci mãe da menina
Mãe inesperada

Ayana Thainá
Eu te ensinei a caminhar
Eu, mãe nascente
Seguimos pela mata da vida
Ancestral dando o caminho
Ancestral dando o caminhar

Ayana Thainá minha Tupi-Nagô
No abraço fraterno
selamos nossa aliança
Pois quando voltou para os meus braços
eu vi a anciã
nos olhos gentis
nos gestos pueris
na alegria incontrolável da criança

Ayana Thainá minha Tupi-Nagô
A menina dos olhos d'água
Esperava por mim
com saudade e amor.

Cristiane Sobral

O infante

Mora aqui um menino encantado
com os seus olhos negros adocicados
Está sempre abrindo caminhos
com a sua bicicleta mágica
Inventando verdades inesperadas
Porque veio para sacudir o mundo

Seus dedos são varinhas de condão
Pintam e decoram as paredes da casa
Desenham outros horizontes de fantasia
Apontam saídas
além dessa realidade enlouquecida

As salas têm luz lilás
Os quartos flutuam perfumados
Não há desânimo que vigore
quando ele está

Mora aqui um menino encantado
Devagar não desperte o seu sono
Ele que fique bem instalado na infância
Fazendo com que a esperança
Não desista de nascer.

Terra negra

Encontro

Esperei mamãe na porta da sala
fumando um cigarro de palha
adensando os meus humores
A ancestral chegou preta velha
Eu queria colo

Esperei mamãe
por um tempo que não consigo precisar
Mamãe apareceu tênue
misturada à fumaça do pito
Sorriu largamente, com ares de sonho
Contemplando a filha que viu bebê

Eu tinha os pés de mamãe
Pisávamos o mesmo chão
Sentamos de mãos dadas
Um silêncio bonito, negro e reluzente

Mamãe deitou no meu colo
Filha do tempo e de tantas histórias
que nunca ouvi
Toquei a sua cabeça branca
Ela apertou a minha barriga
Percebi que queria nascer
Frutificar da filha

Deitadas da soleira da porta
eu pari a mamãe que sempre esteve aqui

No limite do encontro das almas
A chegada de mamãe rompeu
todo e qualquer muro em volta de mim.

Mãe

Recordo mamãe no alto da escada
ajeitando as telhas
em cima da casa mal pintada onde vivíamos
Mãezinha no bairro resolvendo demandas
Conciliando casais daquelas bandas
Mãe era feminista sim

Mamãe gritava na mesa do almoço
colocando ordem na casa
Com a mesma força enfiava água no feijão
Pra ninguém ficar sem comer

Mãe era feminista sim
Cuidava dos próprios filhos
Dos filhos dos vizinhos
Mãe cuidava das noras
Praticava sororidade

No enterro de mãe estava o bairro inteiro
Mas eu não vi
Não fui
Era lugar impróprio para criança

Tenho certeza de que mamãe era feminista
Eu também sou
Mãe fez falta
Mãe faz falta
Mãe é o tudo.

Terra negra

Dele

Ele nasceu só
Histérico em sua fome órfã
Cresceu
para enfrentar os perrengues
na falta eterna de um cordão umbilical
comprou um cordão de aço
pra escapar na vida sem mãe
Espichou, com os olhos secos
mas por dentro sempre foi água.

Universo racional

Mãe
Cadela não come comida de humano!
Por favor, não maltrate a nossa cachorrinha
Olha pra gente mamãe
Olha pra gente, olha...
Coitada dela!

Terra negra

Meu nego

Coisa mais linda de se ver
Sua pele preta
Seus dentes brancos
Seu cabelo de raiz
Palmas das mãos escuras
Pele sem rasuras
Jeito de quem gosta
De amar até o amanhecer

Coisa mais linda de se ver
Seu jeito altivo
Seus olhos negros
Seu cheiro
Músculos torneados
Uma irresistível tatuagem no pescoço
Você é demais
Ainda bem que dorme aqui em casa.

Cristiane Sobral

Sagrada esperança

Eu te amei no primeiro instante
Antes que minha consciência chegasse
senti a minha carne rasgando por dentro
Certa dilatação no peito
O sangue jorrando nas veias, acelerado

Nunca houve alguém como você
Enxerguei como se não pudesse ver
o que poderíamos construir juntos

Eu te amei em cada centímetro da sua pele negra
Entregando o meu corpo
Como quem oferece flores na madrugada
Você surgiu em intenso negrume
Rasgando minha carne trêmula
Tomando posse de tudo que já era seu

Imaginei cada senzala
Cada Casa Grande de onde fugimos
O porto onde nos separamos
Os filhos levados ao nascer

Com sofreguidão
Eu te amei como se não houvesse mais tempo
Na urgência dos nossos desesperos
Almas saudosas em um tempo apressado

Terra negra

Amantes, alados, corações errantes
Vivendo o átimo presente
Derramado em cada gota de amor.

Cristiane Sobral

Das mãos dele

As mãos escuras do meu amado
preenchem meus seios por todo lado
como quem recolhe flores maduras
As mãos escuras do meu amado
tem as palmas brancas
são quentes, acolhedoras
preenchidas por dedos enormes

Ah
O meu amado e as suas mãos escuras
Conhecem cada centímetro do meu corpo
Escrutinam minhas cavernas
Anunciam-se entre as minhas pernas
Fazendo escorrer o meu mar

São escuras as mãos do meu amado
São belas
São ternas
São livres.

Terra negra

Negra pintura

Minha mulher é a mais linda nos seus ais
Rainha
Não liga pra inveja da vizinha
Minha negra Deolinda é demais

Amo
Seus crespos, seus tons, suas curvas
Seus seios se encaixam em mim como luvas

Minha musa é tão dela, isso me encanta!
Inventora, cientista
Sabe tudo da conquista

Intensa, não se embaça em tons de cinza
Ostenta seus turbantes
de um jeito só dela
Adoro quando ela veste o nada e me oferece sua tela

Eu sou o homem da moça
O servo que sem fazer força
serve de cavalete
Cavalheiro para a sua aquarela.

Cristiane Sobral

Propaganda enganosa

Na primeira vez em que beijei
foram as minhas amigas que beijaram
Elas inventaram um gosto, um jeito, um cheiro
Meus lábios não estavam

Na primeira vez em que beijei
o príncipe foi escolhido pelas garotas sonhadoras
Pra mim era um tolo
Um sapo, um dragão que em mim cuspiu o seu fogo

Não sei como foi
Não viram os meus olhos cerrados
Eu não estava lá.

Nó na garganta

Você me queria com outro cabelo
Eu sei
Vi nos seus olhos racistas
enquanto tentava disfarçar com pistas
Brancas
Você me queria com outro modelo
Eu sei
Enquanto tentava culpar o tempo
o trampo
Enquanto acenava
com uma ridícula encardida pomba da paz
A gente só pode ser o que é
Mas você quase me leva a perder a fé
na humanidade.

Zelo

Presente fugaz
Cuide do tempo a flor
Da existência.

Terra negra

Estrelas na boca

Lindeza da tarde foi o seu beijo
Chegando assim de repente
seus lábios quentes
fizeram brotar gemidos nas cordas vocais
Coreografando linguagens em minha boca
tão ansiosa por beijinhos

Beijei os seus lábios
tocando os seus cabelos negros
crespos, fortes, macios
Sentindo a textura da sua pele de ébano perfumada
enquanto seus braços me envolveram em um fogo adesivo

Nunca imaginei sua boca dentro da minha
No meu céu vi estrelas na boca
Parti com a imagem apetitosa da sua boca
Do boca a boca
Do beijo na boca
Bom, bom, bombom.

Cristiane Sobral

Neurônios no aquário

Pode ser que eu abrace a dor e os mistérios
Pode ser que eu me sinta melhor
quando não tentar explicar

Deixe as coisas fora de ordem
Deixe o tempo formar seus próprios desenhos
Não chame ninguém para interpretar

Sem barulho
Muito menos propaganda
Deixe como está

Pode ser que eu abrace a dor e os mistérios
a apertar com tanta força até o mal destruir
E no meio do som abafado da mágoa a verdade apareça

Ou não

Nada de tentar entender
Pausa

O silêncio vai dominar o instante
A lágrima não precisa chegar muito menos o anestesista
Deixe como está

Prefiro ficar assim caída
a enxergar os passos dos outros junto à calçada

Terra negra

quem sabe imaginar novos rumos para a minha caminhada

Vendo tudo de cabeça para baixo
oxigeno o cérebro
inundo os neurônios com lágrimas antigas
No aquário da memória
Trago à superfície novas ideias
outras soluções.

Dama da noite

Eu sou a flor que você nunca contemplou
Bela e única como as flores sabem ser
Bem disposta no jardim
Pronta para ser colhida
Ah, o vazio de embelezar-se para o nada!

Eu sou essa flor
Na ausência de um admirador
Miro meu reflexo nas águas do rio
às margens da roseira
e mergulho profundamente
Aceitando o bem e o mal me quer
No mais íntimo
Revisitando as dores
As delícias de ser mulher
Sorvendo os meus preciosos aromas.

In natura

Namorei você
debaixo de um Baobá
A lua exercitava os seus fetiches
espiando tanto que quase caía no mar
Foi então que o mar negro
apaixonou-se pela negrice da lua
e a terra foi talhada em ébano
cheia de um amor escuro e apetitoso
que nem fruta madura e vermelha
caindo do pé.

Katawixi

Eu quando sou indígena
venho cabocla
com cheiro do mato
nas pernas

Eu quando sou xamã
Grito-mulher parideira
do Amazonas

O leite dos meus peitos jorra
Alimenta mais um Katawixi
Brotando fartura
Trazendo a energia do futuro

Enquanto houver Xamã
Haverá povo
Haverá terra.

Terra negra

Alforria

Não vou mais cuidar do senhor
Agora quero um tempo comigo
Paquerar minhas carnes no espelho
Arreganhar os olhos com rímel
Sair

Não vou mais cuidar do senhor
Eu tenho outras coisas pra fazer
Liberta do exercício de cuidar de outrem
talvez conheça meu verdadeiro valor

Não vou mais cuidar do senhor
Quero tomar um banho gostoso
Esfregar a consciência
Sem temer qualquer indecência

Não vou mais cuidar do senhor
Abaixo o discurso maniqueísta
A ilusão não pode sair mais cara que o sonho

Prepare-se meu senhor
Antes de sair
Quero gozar
Desfrutar a cama imensa
Serei muito mais do que você pensa
Este é um lema para manter

Cristiane Sobral

Terei tempo pra ser e não ser
Não vou mais cuidar pelo senhor
A vida é curta para não desfrutar do amor.

Terra negra

Expurgo

Macho egocêntrico e boçal
não samba na minha pista
Preto machista
não canta de galo no meu quintal
Pau não é coroa

Mulher nenhuma tem que andar de cabeça baixa
No meio de tanto cara que se acha

Vou com as pretas
Empino as tetas
Conclamo a mulherada
Vamos definir essa parada

Macho é animal irracional
Eu quero é um homem além do provisional
Viva a força de vida
que pulsa entre as nossas pernas.

Cristiane Sobral

"Barbie" quebrada

Cansei de ser fetiche
com minha pele azeviche
enfeitando lençóis

Cansei de ser sobremesa
enquanto da janela vejo a beleza da vida

Cansei de ser seu almoço
de sonhar que farei sua janta
Enquanto no banheiro você canta
pensando no conforto da sua casa

Cansei, cansei!
Parei com isso
Não quero um amor sem compromisso
um meu bem tão omisso
Cansei de passar noites em claro

Quando você vai embora
eu fico a sonhar com um mundo
que você nunca fez questão de me apresentar
Cansei, cansei
Esse nós dois nunca existiu
Pega seu sexo e sai
Faz de conta que nunca me viu

Terra negra

Seu amor tem gosto de cigarro barato
Sei que posso deixar de te amar
Eu consigo
Se não der também não ligo
Não gozo mais
Não volto atrás
Vou viver por minha conta
Alimentar-me das minhas próprias carnes
Cansei desse "nós dois" desafinado
Dessa paixão com gosto de comida requentada
Dessa minha cara de "Barbie" quebrada
Cansei.

Cristiane Sobral

Viúva negra

O que eu sei é que a viúva negra
é uma mulher
com o coração tão doído
quanto o das viúvas brancas
na perda do ente querido

Dói também o corpo das viúvas ciganas
Indígenas, angolanas
Americanas, chinesas, indianas
E o peito de tantas outras fêmeas

A viuvez
Dói na carne das mulheres
da espécie humana.

Terra negra

Eu Maria

Na segunda feira
eu gosto de girar minha saia de sete babados
Beber champanhe
Sorrir bem alto

A segunda não existe sem o salto alto
O batom vermelho escarlate
Sem a vontade de estar na rua
Sem o desejo urgente

Eu amo as segundas
quando sou maior e mais bonita
piso mais forte e encaro qualquer desfeita
É nesse dia que durmo com as madrugadas

Nas segundas eu me lambuzo, me toco
Gozo encantada
Grito alto, feliz
Eu sou um exagero de mim.

Wanadi

Eu pedi para ser bonita
quando derramei pó dourado
em minha pele preta

Pedi para ser rainha
diante de um girassol
passando as pétalas no meu corpo
adensando as curvas das minhas margens fêmeas

Eu bela e cada dia mais negra
Depois do banho de cachoeira
Da tarde que passei com as cobras do meu quintal
Esculpi meu rosto com as pedras da lua
Pintei minhas unhas com mel

Eu pedi a beleza
Os cabelos encrespados no orvalho
A limpeza e a cura no mar
Para ser bonita me fiz oferenda
Deitei na cama de folhas
Renasci.

Terra negra

Eu falo

Gosto do falo intumescido
de um corpo negro com conteúdo
que sussurra ao invés de gritar
da fala certeira do falo em chamas

Gosto do falo a invadir
o negrume do espaço entre minhas pernas
do falo decorado pelos neurônios
Falo sem falácias

O falo fica bem na boca
É fonte suprema e sagrada refeição
Gosto do falo mudo de tesão
A me deixar sem fala.

Luxúria

Portas pretas solitárias
lambem a rotina
lânguidas, femininas
com entradas úmidas

Portas pretas
ainda trancadas
convidativas
como orquídeas deitadas

Línguas negras tesas
pincelaram as portas pretas
penetraram falanges de dedos
escrutinaram o prazer

As portas pretas
foram visitadas
agora grutas molhadas
escorrendo o mel da vida.

Terra negra

Negro céu da tua boca

Gosto do flertar incerto
Do tesão que se insinua pálpebras a dentro

Tenho minhas urgências úmidas
Preciso salvar minha língua
de morrer à míngua

Para um bom beijador
uma piscada basta.

Flash

Aceite
um beijo escuro na sua boca rosada e apetitosa

Encaixe
meu seio cor de jambo em tuas mãos

Apague a luz!
Vamos mergulhar em nossos desejos com total liberdade

Receba
um abraço nesta hora infinita e provisória

Pague
o amor está tarifado
Restrito às horas
Na claridade do nosso desejo temporário.

Terra negra

Miradouros

Se você puder me ver
além da cor
além do sexo
Verás
Tudo o que tenho
Tudo o que trago
Na alma

Terás que mirar
além do que sou
além do que tenho
Mas só se puder perceber com calma

Pigmentando a sua retina
Eis que me dispo
em pele, alma
e essência.

Impressionismo

Nos seus olhos castanhos
o reflexo da minha pele escura
coberta pelo vermelho-sexo
Matiz desejo da mistura

Na luz, sua pele cor azeviche
tatuada com meu batom escarlate
mesclado ao meu negrume
foi degustada como fetiche

As razões da cor mostraram suas impressões
misturando o sangue com o gosto do prazer
pintando paixão no contorno da pele
despertando a realidade nua do fértil desejo
a escorrer em anunciado gozo.

Terra negra

Águas

A força das mulheres
está no cheiro de terra molhada
depois da chuva esperada

A força das mulheres
está na terra arrasada
na planície devastada do sertão
erguendo-se em seu próprio pó

A força das mulheres
um dia vai oceanar
Jorrar gotas de esperança
Irrigar a terra ferida

Sempre haverá força nas mulheres
Isso é o que importa
Mulher nao é planta seca
Mulher não é natureza morta

Toda mulher
pode se encontrar em suas águas
Toda mulher
Pode se encontrar nas águas do mar.

Cristiane Sobral

O falo dita as falas

Eu falo
Exu abre alas
O falo ditando as falas

Eu falo
Exu me guia
Transforma a ordem sem fazer desordem
Abre os caminhos

Eu falo
Exu
Com seu falo cortante
Invade a cena
Penetra o instante

Eu falo
Exu colore as alas
O falo sentinela
Inspira as falas

Exu
O rei da festa
O guardião da floresta
O anfitrião antropofágico

Terra negra

Exu
O porteiro mágico
Coloca o seu gozo no redemoinho
Abrindo o caminho.

Cristiane Sobral

Canto para a Mãe África

Mãe grande
Ouve minha voz decolonial!
África dos doutores de Tumbuctu
África do império Ashanti
África das amazonas do Daomé
África cuja música não é feita somente de tambores
África de sofisticados instrumentos
Como o Khalam e o Korá
África berço da humanidade
Mãe detentora das nossas raízes
Eu te saúdo!

Pelos que virão

Não me alisa
Teu fascismo não me paralisa
Eu vou paralisar
Não é parar
É agir
Ação
Paz não é pasmaceira
Paralisação
O inferno não avisa
Meu céu é no chão
Grudado na ancestralidade- terra
Em greve, em guerra
Pelos que virão.

Acertando as contas

Eu sou o filho do Amarildo
Acho que você matou meu pai
Vou morar na sua casa
Você vai cuidar de mim até o meu paizinho chegar

Você diz que não matou
Então tá
Ficarei por aqui
Você deve saber onde ele está

Sou eu, o filho do Amarildo
Não me reconhece?
Não pareço com os seus filhos
Mas sou filho como os filhos

Eu sou a cara do Amarildo
Você vai ter que olhar pra mim
Vamos nos encontrar em nossos ódios
Beber nossas vinganças
Enfrentar as culpas

Eu sou o filho do Amarildo
Você vai cuidar de mim
Até essa dor passar.

Terra negra

Janaína Flor

Depois de mais morte no meu corpo negro
Caboclo me encontrou no chão
Fez cama de folhas de linho egípcio
Banhou meu corpo com as ervas da Jurema
Cicatrizou minhas feridas
Tatuou flores em minhas cicatrizes

Foi meu caboclo quem me ressuscitou
com óleo néctar do rio
fez brilhar minha pele preta
Abriu meus olhos e meus ouvidos
Acariciou meus cabelos
Fez crescer meus índios pelos
Colocou sete flechas na minha mão

Caboclo me colocou de pé
Fêmea firme fênix força
Atendeu minhas demandas
Sussurrou à minha alma nascente
Estarei sempre à sua frente

Caboclo me ensinou
a ser filha da terra
Menina no coração
preparada para a guerra
Janaína Flor
Forjada na dor.

Negritude viva

Descolonização para a preta
abrindo a cabeça do preto
Nem bíblia, nem bala nem bola
Abra a sua mente
O capitão do mato anda por aí
no meio da gente.

Não há liberdade
Não há democracia
A luta não foi vencida
Sabia?

Não dá para pegar na mão do capitalismo
Nem acreditar nas falsas notas da alienação
Não dá pra esbanjar o otimismo
Propagado pelas TV's que não são feitas para você

Nossa vitória não será cosmética
Mais ética menos estética
Muito além do próprio umbigo

Descolonização não é descolorização
Negritude atenta é negritude viva.

Terra negra

Deusdete, a musa

Garota zona oeste
Lindos cabelos crespos como cipreste
Sonhava ser Gabriela
Já tinha a pele cor de cravo e canela
Era viciada em novela
onde moças como ela
não apareciam

Um dia subiu no telhado da casa
pra ajeitar a antena da TV
Depois de um súbito choque
caiu no chão de taco encerado
A queda tirou a venda dos olhos
Aguçou sua inteligência

Pra tudo existe solução!
Decidida a romper com o mundo desigual
Quebrou em mil pedaços a televisão
Mudando a sintonia mental

Deusdete
Garota da zona oeste
Em sua casa seria a musa
Distante das máscaras cínicas
Que o preconceito às vezes usa.

Cristiane Sobral

Quem sou eu

Se me chamam exótica
não respondo
aos apelos de: Hei mulata!
Meu aparelho de surdez
que eu nem uso
está com defeito
Se me chamam morena
uso a meu favor a invisibilidade do sistema
e desapareço

Morena? Sei que não sou
Ouvi linda? Rainha?
Sim
Essa sou eu
Bela como todas as mulheres
que se querem belas
Amo ser quem sou

Se me chamam negra
estou aqui!
Com toda a negritude do meu ser
desfilo com alegria o meu pretume
exibindo pra quem quiser ver
na delícia de ser o que sou

Terra negra

Sou negra
Sou mulher
Aqualtune, Nzinga, Dandara
Empoderada ainda por muitas outras
Com orgulho!

Força ancestral

Cuspiram na minha cara
rindo alto
Porque uma preta
nesse país
não vale nada!

Porque eu não reagi?
Eu não sabia que era gente
Meu senhor
Eu ainda não sabia

Eu era temente à Deus
mas mesmo na igreja
sempre fui humilhada
Porque uma preta nessa terra
onde Jesus foi pintado branco, de olhos azuis
parecia ter que padecer infinitamente na cruz
Mas debaixo de todos os interditos
dos santos mais bonitos
sempre guardei e saudei os meus orixás
Guardei tesouros no meu congá da inteligência
na minha cabeça feita
Eu, de coroa e rainha, livre e liberta
na força ancestral de Ilê-Ifé.

Terra negra

Papo reto

Sou preta guerreira
Defendo um escurecimento necessário
com a minha carapinha
Vou matando erva daninha
Papo reto
O meu cabelo toca o teto
O poder
É preto
Sou rainha!
Dandara.com

Nossos filhos estão na escola
Muito além de jogar bola
Tomam conta do pedaço
Porque é nosso
o poder para vencer

Atenção secretárias do lar!
Vamos parar
Tô gargalhando aqui
O Brasil vai se enrolar
Não saí da senzala
apenas para limpar sua sala
Nossa hora vai chegar

Papo reto
O meu cabelo toca o teto
O poder é preto
Com a minha carapinha
vou matando erva daninha
Sou rainha
Dandara.com

Sou preta guerreira
Defendo um escurecimento necessário
tiro qualquer racista do armário
Enfio o pé na porta da casa grande
E entro.

Terra negra

Paradoxos além da cor

Pouca tinta eu?
Com tinta forte ou pouca tinta
O racismo sempre pinta
em tons espertos.

Cristiane Sobral

Quem sabe em Aruanda

Eu hoje só queria sentar na calçada e sorrir
Não lembrar que todos os dias eu preciso
proteger meu corpo preto para existir
Quem sabe deitar debaixo de uma árvore, até dormir
Esquecer que ainda é necessário correr
Porque muitos sempre estiveram à minha frente
Porque sou mulher preta
Porque nunca mamei na teta de um Estado ausente

Eu hoje só queria estar com os meus
Não ter que explicar o meu Deus
Só queria não ter que afirmar quem eu sou
e viver em paz.

Terra negra

Ah, menina!

Há liberdade nos meus cabelos fartos
trançados
Na ginga do meu quadril circulam achados
ancestrais

Sou tronco de mangueira
Espiral com energia do mato em transformação
Muito forte pra acreditar na besteira
da discriminação

Empino meus cabelos pra cima
sorrindo como preciosa menina
Danço, transmuto a maldade
Vim pra sacudir a branca cidade
Ninguém desfaz magia de criança
Aqui o racista se cansa
Nosso quilombo é vida.

Cristiane Sobral

Deus é preta

Deus é uma mulher preta
Sua teta sempre
matou a fome do mundo.

Terra negra

Coroa

Debaixo dos caracóis dos meus cabelos
há um cérebro
Cerebelo
Muito além do pelo
Muito além do apelo
Racista.

Cristiane Sobral

Pretei

Eu sempre sonhei com a carta branca
A roupa branca
Com a alma branca que me prometeram

Abandonei o meu negrume para vencer
Mas a segunda-feira
sempre foi dia de preto
Por mais que eu trabalhasse
meu serviço era de preto
Nunca tinha dinheiro no banco
A fome era negra
Segundo o senso comum
ser negro era uma coisa ruim

Resolvi rasgar a folha branca
onde escrevi minha vida
Pintei o meu mundo de preta assumida
E comecei a pretar
Cabelo para o alto
Dignidade em punho
Agora era comigo
Convoquei a ancestralidade negra
Abri o meu melhor sorriso azeviche
e mergulhei na escuridão da vitória.

Terra negra

Resistência

Amanhã, estaremos vivas
Com as unhas pintadas de vermelho
Os lábios rubros beijando nossos pretos
em praça pública
Com prazer
Protestando contra a violência
Que reine a resiliência
porque vamos encher a terra com nossos filhos
Até que cesse o choro
pelos outros filhos, assassinados.

Seremos as loucas que sabem sorrir
As bruxas que sabem brotar diante do mal
Mulheres inteiras que sabem gozar
Sabem gostar da vida.

Cristiane Sobral

Em luto, em luta!

Não tenho tempo de esmorecer no campo de batalha

Nos dias de luto seguirei lutando
Cantarei um canto doído, profundo
Levando ao meu útero o húmus dos meus ancestrais
Com a certeza daqueles que um dia voltarão
rasgando o ventre desta grande mãe

Nos dias pardacentos onde tudo enguiça
A humanidade afunda como areia movediça
Mais que um minuto de silêncio
Um minuto de desordem
É preciso subverter a ordem
Um minuto a exterminar nosso suplício
É preciso que os machos acordem
Sejam punidos
Sejam sarados
Voltem a contribuir para a perpetuação da espécie

Não tenho tempo de esmorecer
Nada de fracasso ou coisa que o valha
Nos dias de luto
Eu luto
Ubuntu
Esse é o meu culto.

Terra negra

Página preta

Uma página preta
não dá conta da nossa demanda
mas já é outro negro começo

Uma página preta
não é tudo o que queremos
Mas já anima o corpo
cansado da luta

Uma página preta
em tempos de tanta besteira
Um ensaio sobre José Carlos Limeira
Preta página subvertendo a lógica da procura
salpicando tinta fértil nesse universo de brancura

O mundo em preta cor
Uma página preta olhando pra trás e pra frente
invadindo a retina do planeta
mostrando que o preto combina
com tudo.

Justiça

Lá no céu
não encontrei
a Princesa Isabel.

Terra negra

Sem ilusões

Não se iludam
com a "nota preta" sorrateira
Olho aberto para o discurso do falso irmão
fratricida

Seria uma pista?
Claro!

Racistas são hábeis no crime perfeito

Quanto a mim
A ilusão da brancura
sua clareza vilã
seus pressupostos de perfeição
muito menos o não negrismo oportuno
ainda não pagam meu pão.

Lucidez

Não confundam a cosmogonia africana
com a mais valia estadunidense
cujos respingos frutificaram no Brasil
Frutas podres
Consumistas
Possuídas pelo furor classista que odeia
Os negros
Os pobres
Os indígenas
Os gays

Muitos transformados em minoria
na matemática desigual
Silenciados e assassinados
Sub-humanos pelos desumanos
em benefício da concentração de renda
Não espero que você me entenda!

A África, universo da natureza
foi deturpada a favor da hegemonia eurocêntrica
que ainda vigora
Na terra reproduzida pela televisão de um único canal

Não confundam a cosmogonia africana
com a mais valia americana do norte e do sul
Assim matamos um povo forte
com uma tesoura de corte capitalista.

Terra negra

Marketing de guerra

Eu fiz um poema na segunda-feira
Depois fiz cara de melancólica
Recitei para uma senhora com cara de católica
Ganhei uns trocados no Centro de Madureira
Queria comprar o pão

Não joguei o papel que embalava minha refeição
no lixo
Ali anotaria minhas apostas para o jogo do bicho
Precisava comprar feijão
um pouco de arroz
Quem sabe um ovo frito?

Nesse mundo cão
é preciso tentar a sorte
Porque a fome
meu irmão
é morte.

Cristiane Sobral

Paradoxos da linguagem

Açúcar branco não é bom
Arroz branco também não
Café preto é o melhor
Rapadura é ouro em pó
Veja que também a noite é negra e linda!
Qual o sentido desses quebra-cabeças de linguagem?

Não diga que deu branco!
Nem que abriu mão da compreensão por uma alma clara
pra ficar na moda
Meu coração não aceita rótulo
Pulsa e jorra sangue vermelho
Não me pergunte a cor da maldade
Não sei
Talvez um furta cor
Talvez eu "furte" qualquer privilégio de cor
em busca de humanidade
Espero que amanhã não seja dia de branco
nem de preto
Oxalá o sol se ponha para todos.

Terra negra

A serviço do capital

Estávamos lavando os banheiros do planeta
na labuta diária
Enquanto você polia o chão
das bibliotecas mais referendadas
Com a sola dos seus pés
adornados por sapatos de grife

Também queríamos ler todos os livros!
Também queríamos entender
os motivos do capitalismo!

Porque limpávamos ali
Enquanto desfrutavas aqui?
Porque sempre limpávamos?
Ninguém limpava por nós?

Nem mesmo tínhamos voz
Apenas um corpo
Instrumento de trabalho
Objeto material a serviço do capital
Dentro da lógica vigente
A dividir classes
A roteirizar vidas
Infinitamente.

Cristiane Sobral

Porque alguns são mais iguais que outros

Nós
as mulheres sem mundo
estamos condenadas a ganhar a vida
Com nossos quadris

Nós
As mulheres sem mundo
vivemos na beira da estrada
onde nosso corpo
costuma ser marcado por mais uma cicatriz
ensopada de dor

Nós
As mulheres sem mundo
vertemos sangue
em nossas vistas cansadas

Escorre há tempos o sangue
O sangue dos filhos
Dos frutos
Daqueles que nunca pudemos parir

Nós
As mulheres sem mundo
Queremos gritar
Mas como?

Terra negra

Fomos mutiladas pelo algoz mais vil
Vendemos barato
Sorrisos fáceis
Momentos fúteis

Nós
As mulheres sem mundo
Exército de reserva da humanidade
Não temos direito ao exame de corpo e delito
Ninguém há de escutar o nosso grito
Nem ao menos temos voz.

Cristiane Sobral

Águas de cura

O bem que não fiz também é maldade
Traz certa conivência cotidiana
aquilo que fiz pela metade
Dá um nó na garganta
Adaptação nem sempre é caminho
O grito que guardei
Os talentos que escondi
A febre que matei com remédios
Negligenciando a necessidade de mudança
O sorriso que não dei para aquela criança
Tudo isso pesa

Entreguei as inflamações sociais
A identidade reprimida,
o apego desnecessário
Nas águas de Oxum

Oxum-rio, solvente universal,
abriu os seus braços-luz
disposta a dissolver
o córrego das minhas mágoas
em sua caudalosa cachoeira a respingar
gotas de restauração

No meu lugar de ver, antes estéril,
nasceu uma lágrima...
Derramando esperança na mirada dos olhos.

135 decibéis

A sua consciência humana
abraça a hipocrisia sacana
que finge gostar dos meus cabelos crespos
enquanto sugere um produto
para baixar o meu volume

Liga o som vai, escute os acordes
com a expressão da minha cultura
Ouça no máximo
Lá no topo
onde reinam os meus fios negros e volumosos

Hoje é 21 de novembro
Minha consciência continua negra
Negra mais que ontem, negra!
Amanhã não será dia de branco.

Por uma humanidade mais humana.

Cristiane Sobral

Exército (chusma) de rosas negras

Há uma solidão destinada à mulher negra
Aquela que não aceita ser a mais gostosa do pedaço
Nem interpreta o estereótipo do palhaço
Aquela cujo corpo a mulata não encena

Há uma solidão profunda destinada à mulher negra
Um desdém absurdo, mudo, cheio de rótulos
reservado a aquela que não sorri por qualquer motivo
sempre recusando o convite do executivo comprometido
para um inocente jantar

Há uma solidão homicida destinada às mulheres negras
Àquelas altivas, com orgulho da sua cor
Que não alisam seus cabelos em busca de aceitação
Deixando sempre a porta aberta
para o sinhô e a sinhá

Há uma solidão destinada às mulheres negras
nos leitos dos hospitais públicos
Campos de concentração
dos grupos de extermínio a serviço do capital
em benefício do genocídio étnico
de um Estado na ativa com sua política
De embranquecimento
Há uma solidão inexplicável
no coração das mulheres negras

Terra negra

Mas ainda assim
Em nossa solitude
realizaremos nossos sonhos
continuaremos a parir nossos filhos
aumentaremos nossas forças
formaremos o nosso próprio exército de salvação.

Cristiane Sobral

350 metros

Eu fui ao inferno
lavar o corpo de minha filha
O abismo é branco meus senhores
Minha filha foi jogada lá
350 metros
350 metros
Eu fui pedir ao bispo do palácio dos martírios
Ele que desse outra chance à minha filha
Queria colocar Cláudia de novo
em meu útero
Ela merecia outra chance de nascer

Como eu sofri no meio daquela branquitude
Eu gritei em vão por Cláudia
Filha, filha!
A Cláudia saiu das minhas entranhas,
Das minhas entranhas pretas!
Minha menina foi arrastada e morta
350 metros
350 metros meus senhores!
Eu vi!
Toda aquela brancura
Misturada aos pedaços do corpo
De minha filha
Eu vi!
Eu vi

Terra negra

Vi
Toda aquela brancura

Misturada com o sangue de minha filha
sem a menor culpa.

Xadrez das cores

18
18?
Branco ou preto?
Branco
Acho justo
18 brancos entram na Universidade, sorriem
Suas mães estão orgulhosas comemoram muito
Agora preto
Combinado
18 pretos entram no cemitério, mortos da Silva
No velório
18 caixões pretos escondem os corpos fechados
Agora branco e preto
Certo
18 mães brancas choram de alegria
18 mães pretas choram de dor.

Terra negra

Além da cor

Você toca para os orixás
Ama as entidades africanas
mas não gosta do negro
Você curte a música negra
Lucra com ela
mas o preto fica de fora
Dança o samba até o fim da noite
Pede a bebida e o preto serve
mas está a serviço, não pode bailar
Adora as mulatas nos motéis
As brancas em casa
mas tudo isso é problema seu
Não sou escrava nem de preto nem de branco
Não rezo a cartilha do capitalismo manco
Não adianta se expressar "Ruibarbosamente"
Você que pela justiça clama
Precisa conhecer Luiz Gama
Para comover uma preta como eu
Traga mais do que aquilo que o racismo te deu.

Cristiane Sobral

Poesia preta feminina

Tem cheiro bom de perfume
Cor de azeviche
Letras de cura
Poesia preta feminina
Preciosa na monotonia da paisagem
Representa nossa diversidade
Entra na roda com muito axé

Poesia preta feminina
Sinuosa, desfila no terreiro
Em ritmo de partido-alto
Também pode surgir elegante, de salto
Contagiar batendo na palma da mão

É jongo, é jogo, é gira
Pomba trazendo ventos de mudança
Bate firme e demarca o espaço com esperança
Tem a atitude da nossa gente
A rezar nos passos da diáspora
Reinventando o compasso da história.

Terra negra

Inusitada

Sou uma negra no Planalto Central
procurando espaço no planejado avião
Lírio que rasga a secura do deserto
colorindo a palidez do concreto

Sou a negritude que colore a paisagem
empunhando um turbante com coragem
instaurando um reino em meio à escravidão
Madeira de lei confrontando
o aglomerado da satélite indesejada

Sou da resistência no centro do país
pingando palavras férteis
na secura do asfalto de fogo
oferecendo à elite
o meu jeito de jogar o jogo

Poderia ser uma ilha
mas é a tal Brasília
Empalidecida pelo barro
Cidade que aprisiona pérolas em um inútil jarro

Diaspóricos negros peregrinos na terra
Caminhamos pelo planeta para vencer a guerra
Estamos aqui desde os primórdios
desse planeta milenar

Cristiane Sobral

Resistindo
Investindo contra a aridez do deserto
com palavra e ação
Sempre encontraremos oportunidade para brotar
em qualquer porto
em qualquer chão

A terra é nosso lar.

Terra negra

Traumatismo social

Mais um homicídio
Ora, um homicídio, isso não causa espanto!
Mary, bela e alva
Foi ao shopping comprar roupas de menina
Enquanto Ruane foi espancada
Mary entrou no centro comercial
com as pupilas dilatadas
Pelo prazer fugaz do consumo
Ruane teve os olhos arrancados
Foi dilacerada em praça pública
Tratada como um homem preto e pobre
Seu crime?
Lésbica
Usava roupas de homem preto e foi julgada como tal
Não, não adiantaria mesmo convocar a ética
Era necessário fazer cumprir o aviltamento
O aniquilamento da nossa raça
Para oferecer maiores opções de consumo
Locais seguros para Mary
Mais um homicídio
Mary não pode ser ameaçada
Matem qualquer um que desperte suspeita
Esse é o modo de viver da seita
Genocida

Mais um homicídio
Mary não pode ser ameaçada

Cristiane Sobral

Pretos, putas, lésbicas, gays e pobres escuros
Devem ser eliminados para a evolução da espécie
Diziam os seguidores de Lombroso
Matem qualquer um que desperte suspeita
Esse é o modo de viver da seita
Genocida.

Terra negra

Navio Negreiro - Atenção não é a Disney

Até quando os nossos meninos pretos
Mortos
Sem chinelos, pés tortos
Até quando nossas mulheres
Arrastadas
Pelo capitão do mato destruídas
Destroçadas as famílias
Até quando o meu pão virá pelas moedas contadas
Até quando veremos as quedas?
Nossos gritos são abafados pela TV
Onde a gente não se vê.

Cristiane Sobral

Estética do branqueamento ou Porque o sol clareia mais que "Omo"

Na minha cesta de peças pra lavar
Muitas roupas escurecidas
almejando a valorizada brancura
Quem não tem "Omo"
Descobre como!
Já dizia minha saudosa vovó
Então coloquei as roupas pra quarar
Deixei as peças encardidas
naquele sol de rachar
de molho na grama verde manchada de terra escura

No fim do dia
o preto ficou branco
Não seria esse clareamento uma pista?
Finalmente a "ficha caiu"!
Foi assim que aprendi mais sobre o Brasil
Além das páginas brancas do livro de história.

Terra negra

Silêncios

Se você conseguir chorar
talvez ainda esteja aqui
Não se engane com os falsos risos
que nada fazem pela nossa gente

Se conseguir parar
Talvez ainda esteja aqui
Não se iluda com o frenesi dos dias
a aumentar as nossas incertezas

Será que você ainda consegue gozar
Talvez ainda habite em sua carne inerte a tudo!
Mas se você conseguir gritar...
Talvez ainda sinta algum vibrar intenso dentro de ti

Então quem sabe?
Se você conseguir me olhar
Ver o meu eu sou a habitar em mim
Bem
Aí não precisarei dizer mais nada.

Cristiane Sobral

Eu sou

O racismo quase me mata outro dia
Se não fosse Nelson Mandela
Maya Angelou, Lima Barreto, Oliveira Silveira
Ai ai...
O racismo, esse perseguidor
Mas estou bem com vocês
Nina Simone, Luiza Mahin, Maria Firmina dos Reis

O racismo não me deixa dormir
porque ele não dorme
Fico desperta com Ray Charles, Marvin Gaye
James Brown me disse que posso mais além do cansaço

Sim, o racismo me deprime
mas a endorfina de ler Carolina Maria de Jesus
de sentir na alma o meu bom samba de raiz
de Clementina e Jovelina Pérola negra
vence tudo com a força da ancestralidade
O racismo ainda bate na minha porta
com seus mandados sem justiça
Mas não estou
Eu sou
Negra e livre
Negra e linda
O racismo não tem paz
Não foi ele que inventou o jazz

Terra negra

Nem o soul
O racismo não é ninguém
Mas eu sou.

À sua imagem e semelhança

Toquei nas tranças de Deus e encontrei cura
Ervas do mato saíam de suas mãos caboclas
Cristo estava usando uma máscara africana
Vestia-se como um
Negro-europeu-índio-brasileiro-futurista
Os cabelos de Jesus tocavam o chão
Dos seus fios saía poder.

Terra negra

Legado

Quero a dignidade proclamada por Senghor
A sabedoria de Mandela
A lucidez de Martin Luther King
A contundência de Spike Lee
A forja nas letras de Paulina Chiziane

Mas também quero
A agilidade de João do Pulo
Os neurônios de Milton Santos
A ousadia de Zumbi

Quero aprender com Lima Barreto
Frasear com Solano Trindade
Entrar em cena com Ruth de Souza
Caminhar com Luiz Gama
Luiza Mahin, Antônio Cândido, Lélia González

Quero sentar na soleira da porta
À entrada do nosso quilombo
Com Carolina Maria de Jesus conversar longamente
Falar por nossos ancestrais
Colocar o passado à nossa frente
Trazer de volta o que sempre esteve aqui
Tão longe e tão perto.

Cristiane Sobral

Criar é verbo de ação

Mesmo com toda a fé que tenho
eu ficaria muito decepcionada
se ficasse inerte esperando
um poema baixar
A criatividade às vezes até paira no ar
É preciso ter olhar de águia
Agarrar o novo
Fazer bom proveito
Trazer à luz
Girar
Gerar.

Terra negra

O tempo

Há uma entidade
Que carrego comigo
O tempo e seus cordões
Estão enrolados em mim desde o umbigo

Ele tem como seu oposto complementar
o espaço entre o tempo e suas escolhas
O tempo, senhor dos horários
reina soberano
Tênue, em um fio de prata
O tempo a gente não mata
É ele o matador.

Esta obra foi composta em Arno Pro Light
impressa pela RENOVAGRAF sobre papel Pólen 90g,
para a Editora Malê em julho de 2024.

Terra negra

Legado

Quero a dignidade proclamada por Senghor
A sabedoria de Mandela
A lucidez de Martin Luther King
A contundência de Spike Lee
A forja nas letras de Paulina Chiziane

Mas também quero
A agilidade de João do Pulo
Os neurônios de Milton Santos
A ousadia de Zumbi

Quero aprender com Lima Barreto
Frasear com Solano Trindade
Entrar em cena com Ruth de Souza
Caminhar com Luiz Gama
Luiza Mahin, Antônio Cândido, Lélia González

Quero sentar na soleira da porta
À entrada do nosso quilombo
Com Carolina Maria de Jesus conversar longamente
Falar por nossos ancestrais
Colocar o passado à nossa frente
Trazer de volta o que sempre esteve aqui
Tão longe e tão perto.

Cristiane Sobral

Criar é verbo de ação

Mesmo com toda a fé que tenho
eu ficaria muito decepcionada
se ficasse inerte esperando
um poema baixar
A criatividade às vezes até paira no ar
É preciso ter olhar de águia
Agarrar o novo
Fazer bom proveito
Trazer à luz
Girar
Gerar.

Terra negra

O tempo

Há uma entidade
Que carrego comigo
O tempo e seus cordões
Estão enrolados em mim desde o umbigo

Ele tem como seu oposto complementar
o espaço entre o tempo e suas escolhas
O tempo, senhor dos horários
reina soberano
Tênue, em um fio de prata
O tempo a gente não mata
É ele o matador.

Esta obra foi composta em Arno Pro Light
impressa pela RENOVAGRAF sobre papel Pólen 90g,
para a Editora Malê em julho de 2024.